Zum Gottesdienst willkommen - Das Liederbuch

Lieder für Kirchenfeste und besondere religiöse Anlässe.

Sonntag - Taufe - Ostern - Kommunion - Erntedank - Namenstag.

Das Liederbuch mit allen Texten, Noten und Gitarrengriffen zum Mitsingen und Mitspielen

Neue religiöse Kinderlieder von Stephen Janetzko

Copyright © 2016 Verlag Stephen Janetzko, Erlangen
www.kinderliederhits.de
Alle Lieder verlegt bei Edition SEEBÄR- Musik Stephen Janetzko, Erlangen
*Online-Shop im Internet unter **www.kinderlieder-shop.de***
Coverillu: *Stephen Janetzko Lizenzgeber*
Coverentwurf und Covergrafik: Stephen Janetzko
Notensatz, grafische Vorbereitung und Idee: Stephen Janetzko
All rights reserved.

ISBN-10: 3957222370

ISBN-13: 978-3-95722-237-4

Inhaltsverzeichnis

Lied:	Seitenzahl:
Zum Gottesdienst willkommen (Lied zum Sonntag)	4
Hurra, Jesus lebt! (Ostern und Auferstehung)	5
Dank sei dir	6
Gelobt sei der Herr (Lob sei Gott)	7
Wir bringen Dir die Gaben	8
Deinen Tod o Herr verkünden wir	9
Ich geh zur Ersten Kommunion (Lied der Kommunionkinder)	10
Herr vergib mir	11
Wir geben unser Kind in Deine Hände (Tauflied)	12
Danke für die Früchte (Danklied, Gabenbereitung, Erntedank)	13
Manchmal (Ende und Anfang)	14
Wünsch dir nicht weniger Probleme	15
Du trägst einen guten Namen (Lied zum Namenstag)	16
Unterwegs mit Fragen	17

Zum Gottesdienst willkommen!

Text und Musik: Stephen Janetzko; CD "Zum Gottesdienst willkommen"
© Edition SEEBÄR-Musik Stephen Janetzko, www.kinderliederhits.de

Refrain: Zum Gottesdienst...

2. Einmal in der Woche am Sonntag
bleibt alle Arbeit stehn.
Einmal in der Woche am Sonntag
wolln wir zur Kirche gehn!

Refrain: Zum Gottesdienst...

3. Einmal in der Woche am Sonntag,
da feiern wir ein Fest.
Einmal in der Woche am Sonntag,
kommt her aus Ost und West!

Refrain: Zum Gottesdienst...

4. Einmal in der Woche am Sonntag
und jeden andern Tag:
Gott ist immer bei uns, drum freut euch,
weil er uns gerne mag!

Refrain: Zum Gottesdienst...

Hinweis:
Ein Lied zum "heiligen Sonntag", dem
Tag der Familie, an dem die Arbeit
ruhen kann und wir Gott loben dürfen.

Hurra, Jesus lebt!

Text und Musik: Stephen Janetzko; CD "Zum Gottesdienst willkommen"
© Edition SEEBÄR-Musik Stephen Janetzko, www.kinderliederhits.de

Refrain: Hurra, Jesus lebt! Er ist auferstanden von den Toten für uns! Hurra, Jesus lebt! Er ist auferstanden von den Toten für uns!

1. Schau hin, das Grab ist leer! Da liegt er nun nicht mehr.
Er hat es doch versprochen und nicht sein Wort gebrochen!

Refrain: Hurra, Jesus lebt!...

2. Jawohl, er hat's geschafft, Gott selbst gab ihm die Kraft!
Wer Augen hat zu sehen, der kann es jetzt verstehen!

Refrain: Hurra, Jesus lebt!...

3. Und jeder kann es sehn: Das Wunder ist geschehn!
Der Herr ist auferstanden, da wir ihn nicht mehr fanden.

Refrain: Hurra, Jesus lebt!...

4. Gepriesen sei mein Gott! Er fürchtet nicht den Tod.
Er kann die Schuld verzeihen, auch mich wird er befreien!

Refrain: Hurra, Jesus lebt!...

Dank sei dir

Text: Werner Schaube; Musik: Stephen Janetzko; CD "Viel Glück und viel Segen" / CD "Zum Gottesdienst willkommen" © Edition SEEBÄR-Musik Stephen Janetzko, www.kinderliederhits.de

1. Dank sei dir, Gott, unser Vater: für die Welt, die du uns geschaffen, für den Tag und für die Nacht. Alles Leben auf der Erde - durch dein Wort gemacht.

2. Dank sei dir, Gott, unser Vater:
für die Erde, die wir bewohnen,
für das Glück und für das Leid.
Alle Menschen auf der Erde -
durch dein Wort befreit.

Gelobt sei der Herr (Lob sei Gott)

Text und Musik: Stephen Janetzko; CD "Zum Gottesdienst willkommen"
© Edition SEEBÄR-Musik Stephen Janetzko, www.kinderliederhits.de

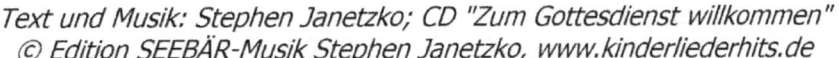

Refrain: Ge-lobt sei der Herr in E-wig-keit, ge-lobt sei der Herr, ge-lobt sei der Herr. Ge-lobt sei der Herr in E-wig-keit, Lob sei dem Herrn.

Lob sei, Lob sei, Lob sei Gott.
(Praise you, praise you, praise you, Lord!)

1. Lo-ben will ich dei-ne Wer-ke, dei-ne gu-te Welt.
   Lo-ben will ich dei-ne Lie-be, die mich schützt und hält.
   Lo-ben will ich dei-ne Gna-de, lebt in Wort und Tat.
   Lo-ben will ich dei-ne Grö-ße, die be-freit mich hat.

Refrain: Gelobt sei der Herr in Ewigkeit...

2. Leben will ich...

Refrain: Gelobt sei der Herr in Ewigkeit...

3. Geben will ich...

Refrain: Gelobt sei der Herr in Ewigkeit...

Singhinweis:
Der erste und zweite Teil des Refrains wie auch die Strophe können wie ein Kanon
übereinander gesungen werden. Im zweiten Teil des Refrains können wir
wählen zwischen der deutschen und der englischen Variante - oder beide singen.

Wir bringen Dir die Gaben
(zur Gabenbereitung)

Text und Musik: Stephen Janetzko; CD "Zum Gottesdienst willkommen"
© Edition SEEBÄR-Musik Stephen Janetzko, www.kinderliederhits.de

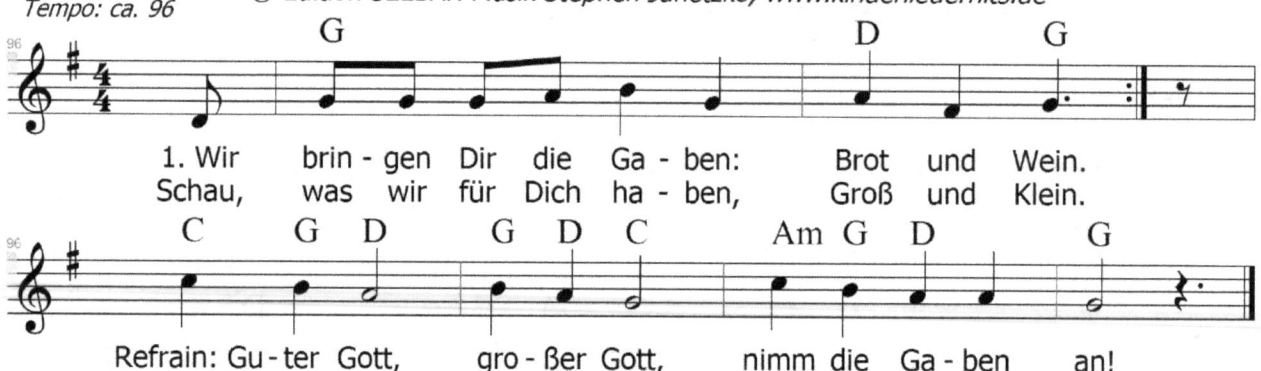

1. Wir brin-gen Dir die Ga-ben: Brot und Wein.
Schau, was wir für Dich ha-ben, Groß und Klein.

Refrain: Gu-ter Gott, gro-ßer Gott, nimm die Ga-ben an!

2. So teilen wir gemeinsam: Brot und Wein.
Ein jeder darf dabei sein: Groß und Klein.

Refrain: Guter Gott, großer Gott, nimm die Gaben an!

3. Es stehen für Dein Leben: Brot und Wein.
Hast allen Dich gegeben: Groß und Klein.

Refrain: Guter Gott, großer Gott, nimm die Gaben an!

Deinen Tod, o Herr, verkünden wir

Text und Musik: Stephen Janetzko; CD "Zum Gottesdienst willkommen"
© Edition SEEBÄR-Musik Stephen Janetzko, www.kinderliederhits.de

Deinen Tod, o Herr, verkünden wir,
deine Auferstehung preisen wir,
bis du kommst in Herrlichkeit.
In Ewigkeit. Amen.

(nach der Liturgie "Geheimnis des Glaubens")

Ich geh zur Ersten Kommunion
(Lied der Kommunionkinder)

Text und Musik: Stephen Janetzko; CD "Zum Gottesdienst willkommen"
© Edition SEEBÄR-Musik Stephen Janetzko, www.kinderliederhits.de

2. Gott schickt mir einen Sonnenstrahl
ins Herz, einen Sonnenstrahl,
und lädt mich ein zum Abendmahl,
zu Seinem Abendmahl.

Refrain.

3. Weil Gott in meinem Herzen ist,
Er in meinem Herzen ist,
weiß ich, dass er mich nicht vergisst,
dass er mich nie vergisst.

Refrain.

Liedhinweise:
Das Lied der Kommunionkinder zur
Feier der Erstkommunion und zur
Vorbereitung darauf. Durch die
Eucharistie sind wir eins mit Gott.
Durch die Kommunion nehmen wir aktiv
an der Gemeinschaft mit Gott teil.

Wir geben unser Kind in Deine Hände
(Tauflied)

Text und Musik: Stephen Janetzko; CD "Jesus, Bartimäus, Zachäus & Co - Lieder zu Bibel-Geschichten" © Edition SEEBÄR-Musik Stephen Janetzko, www.kinderliederhits.de

1. Wir geben unser Kind in Deine Hände, Dein Licht stehe ihm bei zu aller Zeit. Du gehst mit ihm vom Anfang bis zum Ende, vom Augenblick bis in die Ewigkeit.

2. Herr, nimm es auf in Deine großen Arme
und spende ihm Geborgenheit und Schutz.
Und findet es kein´ Trost in diesen Tagen,
sei bei ihm und gewähr ihm Unterschlupf.

3. Wir taufen unser Kind in Deinem Namen
und leiten es nach göttlichem Gebot.
Wir geben, was wir sind und was wir haben,
vom ersten Tag bis in das Abendrot.

Danke für die Früchte

Text: Christa Baumann; Musik: Stephen Janetzko; CD "Der Herbst ist da - Die 25 schönsten Herbstlieder" © Edition SEEBÄR-Musik Stephen Janetzko, www.kinderliederhits.de

Refrain: Dan-ke für die Früch-te, dan-ke für das Brot.
Dank für dei-ne Lie-be, die im-mer in uns wohnt.
1. Wir pflü-cken Äp-fel rot und rund, sie hän-gen hoch im Baum.
Ich stre-cke mich und mach mich groß, er-rei-che sie doch kaum.

Refrain.

2. Die Nüsse fallen von dem Baum direkt vor mir ins Gras.
Ich bücke mich und heb sie auf, das macht mir großen Spaß.

Refrain.

3. Tomaten leuchten rot und glatt, wir pflücken sie geschwind
und stecken sie gleich in den Mund, so liebt sie jedes Kind.

Refrain.

4. Die Trauben schneiden wir vom Stock, nun schau doch einmal hier!
Wir füllen unsern Korb ganz voll und teilen dann mit dir.

Refrain.

5. Pflück ich mir dann die Paprika, bück ich mich nicht so sehr.
Sie wächst an einem kleinen Strauch, kommt rot, gelb, grün daher.

Refrain.

Weitere mögliche Strophe z.B. für den Erntedankgottesdienst:

6. Wir danken Gott, der für uns sorgt, für diese große Pracht.
Der uns beschützt und froh sein lässt am Tag und in der Nacht.

Manchmal (Ende und Anfang)

Text: Werner Schaube/Stephen Janetzko; Musik: Stephen Janetzko; CD "Zum Gottesdienst willkommen"
© Edition SEEBÄR-Musik Stephen Janetzko, www.kinderliederhits.de
Tempo: ca. 100

2. Manchmal zweifeln wir:
Was wird noch geschehn?
Manchmal fragen wir:
Wird es weitergehn?

Refrain.

3. Manchmal sehen wir
keinen Ausweg mehr.
Manchmal wünschen wir
uns ein Wunder her.

Refrain.

4. Manchmal geben wir
uns und alles auf.
Manchmal finden wir
nirgends ein Zuhaus.

Refrain.

Wünsch dir nicht weniger Probleme

Text und Musik: Stephen Janetzko; CD "Zum Gottesdienst willkommen"
© Edition SEEBÄR-Musik Stephen Janetzko, www.kinderliederhits.de

1. Wünsch dir nicht weniger Probleme,
weniger Herausforderung.
Wünsch dir Kraft, Glauben und Vertrauen.
Geh aktiv dein Leben an!

2. Stärke deinen Glauben.
Hab Vertraun in mich.
Ich bin immer bei dir.
Ich verlass dich nicht.

Hinweis: Als Kanon zu 2 Stimmen.

Du trägst einen guten Namen
(Zum Namenstag)

*Text und Musik: Stephen Janetzko; CD "Zum Gottesdienst willkommen" /
CD "Engeladvent im Kindergarten" © Edition SEEBÄR-Musik Stephen Janetzko, www.kinderliederhits.de*

2. So viel Heilige wie Namen, so viel Namen auf dem Weg.
So viel Wege geht das Leben, in der Wiege angelegt.
Viele Wege sind gegangen, und doch ist dein Leben neu.
Hab Vertrauen, Gott ist bei dir, bist du mutig oder scheu...
Denn Gott sagt:
„Fürchte dich nicht, ich habe dich erlöst,
ich habe dich beim Namen gerufen!"

Refrain.

Unterwegs mit Fragen

Text: Werner Schaube; Musik: Stephen Janetzko; CD "Zum Gottesdienst willkommen"
© Edition SEEBÄR-Musik Stephen Janetzko, www.kinderliederhits.de

1. Unterwegs mit Fragen, jeden Aufbruch wagen in ein neues Land.
Horizont und Ferne, himmelwärts die Sterne -
alles ruht in Gottes Hand,
alles ruht in Gottes Hand.

2. Unterwegs mit Lachen, einen Anfang machen
für die bess`re Welt.
Friedenswort und Segen, brüderlich begegnen -
alles ruht in Gottes Hand,
alles ruht in Gottes Hand.

3. Unterwegs mit Hoffen, alle Welt steht offen
für ein Auferstehn.
Abenteuer Leben, Zukunft wird es geben -
alles ruht in Gottes Hand,
alles ruht in Gottes Hand.

DIE CD ZUM BUCH:

Stephen Janetzko - CD „Zum Gottesdienst willkommen - Lieder für Kirchenfeste und besondere religiöse Anlässe"

Sonntag - Taufe - Ostern - Kommunion - Erntedank - Namenstag. Von & mit Stephen Janetzko.

Neue religiöse Lieder plus Playbacks/ Karaokefassungen.

Die Lieder eignen sich zum Vortragen und Mitsingen zu Feiern auch in der Kirche und sind zugleich eine schöne Erinnerung an die jeweiligen Kirchenfeste:

Alle Liedtitel der CD:

1. Zum Gottesdienst willkommen (Lied zum Sonntag)
2. Hurra, Jesus lebt! (Ostern und Auferstehung)
3. Dank sei dir
4. Gelobt sei der Herr (Lob sei Gott)
5. Wir bringen Dir die Gaben
6. Deinen Tod o Herr verkünden wir
7. Ich geh zur Ersten Kommunion (Lied der Kommunionkinder)
8. Herr vergib mir
9. Wir geben unser Kind in Deine Hände (Tauflied)
10. Danke für die Früchte (Danklied, Gabenbereitung, Erntedank)
11. Manchmal (Ende und Anfang)
12. Wünsch dir nicht weniger Probleme
13. Du trägst einen guten Namen (Lied zum Namenstag)
14. Unterwegs mit Fragen

Die Playbacks (Titel 15-28) sind mit einer Melodieführung versehen und können so auch als Musikbegleitung in der Kirche eingesetzt werden.
Gesamtspielzeit ca. 71:02 min. –
Diese Sonderausgabe der CD enthält zusätzlich das schöne Tauflied!
INFO & SHOP: www.kinderliederhits.de - © SEEBÄR-Musik (Labelcode LC 05037)

Weitere CD-Empfehlungen:

Stephen Janetzko - CD „Jesus, Bartimäus, Zachäus & Co - Lieder zu Bibel-Geschichten"

13 neue Spiel-Lieder für die Kinderkirche.
Leicht lernbare Lieder zu biblischen Geschichten & alle Playbacks.
Ideal für Kindergarten, Schule, Religionsunterricht, Kommunionvorbereitung, Konfirmation, Gruppen, Gottesdienst, Kinderkirche usw.

Inhalt der CD - alle Lieder:

1. Wir wandern nach Jerusalem 2:04
2. Rings herum ist dunkle Nacht (Blinden-Spiellied) 1:58
3. Jesus und der Gelähmte 2:57
4. Komm mit, wir wollen Freunde sein (Menschenfischer-Lied) 2:31
5. Hochzeit ist in Kana 3:02
6. Wir geben unser Kind in deine Hände (Tauflied) 2:26
7. Die Arbeiter im Weinberg 2:52
8. Nur 5 Brote und 2 Fische (Die Speisung der 5.000) 3:22
9. Der barmherzige Samariter 3:37
10. Der verlorene Sohn (Ein Bauernsohn verlässt das Haus) 1:58
11. Zachäus wollte Jesus sehn 2:55
12. Auf dem See Genezareth 2:56
13. Vater unser (Janetzko) 1:56

Playbacks / Karaokeversionen:

14. Wir wandern nach Jerusalem - Instrumental/Karaokefassung 2:04
15. Rings herum ist dunkle Nacht (Blinden-Spiellied) - Instrumental/Karaokefassung 2:00
16. Jesus und der Gelähmte - Instrumental/Karaokefassung 2:58
17. Kommt mit, wir wollen Freunde sein (Menschenfischer-Lied) - Instrumental/Karaokefassung 2:3
18. Hochzeit ist in Kana - Instrumental/Karaokefassung 3:03
19. Wir geben unser Kind in Deine Hände (Tauflied) - Instrumental/Karaokefassung 2:26
20. Die Arbeiter im Weinberg - Instrumental/Karaokefassung 2:53
21. Nur fünf Brote und zwei Fische (Die Speisung der Fünftausend) - Instrumental/Karaokefassung 3:24
22. Der barmherzige Samariter - Instrumental/Karaokefassung 3:39
23. Ein Bauernsohn verlässt das Haus (Der verlorene Sohn) - Instrumental/Karaokefassung 1:57
24. Zachäus wollte Jesus sehn - Instrumental/Karaokefassung 2:56
25. Auf dem See Genezareth - Instrumental/Karaokefassung 2:57
26. Vater unser (Janetzko) - Instrumental/Karaokefassung 1:55

Gesamtspieldauer: ca. 70:10 min.
Die Playbacks (Titel 14-26) sind mit einer Melodieführung versehen und können so auch als Musikbegleitung z.B. in der Kirche eingesetzt werden.

Bestellnummer 91033-245 - ISBN 978-3-940918-93-2
INFO & SHOP: www.kinderliederhits.de
© SEEBÄR-Musik (Labelcode LC 05037)

Weitere CD-Empfehlungen:

Stephen Janetzko - CD „Danke Gott"
Neue religiöse Kinderlieder von & mit Stephen Janetzko

Hier finden sich 20 schöne neue Lieder für Kindergarten, Gottesdienst, Schule & Zuhause.
Die Lieder haben einfache, leicht lernbare Texte und Melodien und können gut z.B. einfach mit Gitarre begleitet werden – mit Texten von Rolf Krenzer, Werner Schaube und Stephen Janetzko. Die Melodien stammen alle von Stephen Janetzko, der hier zudem neue Fassungen des altbekannten 4-stimmigen Kanons „Froh zu sein bedarf es wenig" für alle Gelegenheiten präsentiert. Als Bonus-Lied gibt es das „Vater unser" in einer neuen Version mit dem unverändertem Text aus der Liturgie und mit einer Melodie von Stephen Janetzko.

CD-Inhalt (Lieder):

1. Danke, Gott (für die schöne Welt)
2. Wir feiern jetzt ein Fest
3. Guten Morgen, liebe Leute
4. Gemeinsam sind wir stark
5. Gott ist die Liebe (3-stimmiger Kanon)
6. Mit Gott erlebst du was!
7. Ein bunter Regenbogen (2-stimmiger Kanon)
8. Viele kleine Leute (Eine Handvoll Sonnenschein)
9. In Gottes schöne Welt
10. Gott ist überall (Kanon mit Bewegungen)
11. Johanni (Kanon zur Sommersonnenwende, 24.6. Johanni-Tag)
12. Segne unser Essen
13. Tu da, wo du bist (3-stimmiger Kanon)
14. Wir wollen danken
15. Gott, ich will dir danken (Danklied - Lied zu Erntedank)
16. Michaeli, Michaeli (29.9. Tag der Engel)
17. Sankt Martin ist da (11.11.)
18. Auf allen Wegen (Segenslied - 2-stimmiger Kanon)
19. Lieber Gott wie 1000 Sterne
20. Heute ist so viel geschehn (Lied zur guten Nacht)
21. Bonus: „Vater unser" mit neuer Melodiefassung

*Bestellnummer 91033-45 - **ISBN 978-3-932455-84-1***
INFO & SHOP: www.kinderliederhits.de
© SEEBÄR-Musik (Labelcode LC 05037)

... *ebenfalls als Liederbuch erhältlich!*

Weitere CD-Empfehlungen:

Stephen Janetzko & Freunde

CD EIN BISSCHEN SO WIE MARTIN - 22 Lieder zum Laternenfest & Sankt Martin

Neue & alte, stimmungsvoll arrangierte Martins- & Laternenlieder von & mit Stephen Janetzko mit Texten von Elke Bräunling, Erwin Grosche, Rolf Krenzer u.a.
Mit dem bekannten Titellied "Ein bisschen so wie Martin" (Text: Elke Bräunling - Musik: Paul G. Walter - Verlag: Edition Seebär-Musik Stephen Janetzko).
Inkl. der beiden Martinsspiele „Das Spiel vom Teilen" & „Das Laternenfest" von Elke Bräunling (im Booklet). Mit weiteren Songbeiträgen von Kati Breuer, Taato Gomez, Hermann Heimeier, Ottmar Liedl (Kinderclown OLi) & Heiner Rusche.

Alterszielgruppe ca. 2-9 Jahre/ Spieldauer ca. 66:03 min. - Best.-Nr. 91033-276,
ISBN 978-3-941923-92-8
INFO & SHOP: www.kinderliederhits.de
© SEEBÄR-Musik (Labelcode LC 05037)

Alle Lieder der CD:

1. Ein bisschen so wie Martin - Stephen Janetzko 3:40
2. Sankt Martin ritt durch Schnee und Wind - Stephen Janetzko 3:09
3. Ich schenk dir einen Stern (Sternenkinder-Lied) - Stephen Janetzko 3:04
4. Teilen, Teilen - Stephen Janetzko 1:04
5. Martin, lieber Martin - wir wollen sein wie du - Stephen Janetzko 2:50
6. Teilen wie St. Martin (Sonne, Mond und Sterne) - Stephen Janetzko 2:14
7. Laterne, Laterne, Sonne, Mond und Sterne (1) - Stephen Janetzko 0:16
8. Heute ist St. Martinstag - Stephen Janetzko 2:29
9. Laterne, Laterne, komm leuchte für mich - Stephen Janetzko 4:09
10. Wenn wir mit den Laternen gehn (Lied zum Laternenfest) - Stephen Janetzko 1:57
11. Laterne, Laterne, Sonne, Mond und Sterne (2) - Stephen Janetzko 0:16
12. Laternenlicht, Laternenlicht - Stephen Janetzko 2:28
13. Eine Laterne basteln wir - Heiner Rusche 3:02
14. Laternen leuchten hell - Stephen Janetzko 3:57
15. Laterne, Laterne, Sonne, Mond und Sterne (3) - Stephen Janetzko 0:15
16. Brenn, Laterne - Stephen Janetzko 3:46
17. Das Licht geht auf die Reise - Kati Breuer 2:48
18. Laterne, Laterne, Sonne, Mond und Sterne (4) - Stephen Janetzko 0:16
19. Martins Mantel - Stephen Janetzko 1:51
20. Sankt Martin ist da - Stephen Janetzko 1:49
21. Wir tragen die Laternen, so bunt - Hermann Heimeier 2:42
22. Ich geh mit meiner Laterne - Stephen Janetzko 3:38
23. Laterne, Laterne, Sonne, Mond und Sterne (5) - Stephen Janetzko 0:16
24. Sankt Martin - Ottmar Liedl (Kinderclown Oli) 4:47
25. Dreh dich, Laterne (Laternentanz) - Stephen Janetzko 2:30
26. Wie Martin - Taato Gomez & Stephen Janetzko 4:20
27. Laterne, Laterne, Sonne, Mond und Sterne - Stephen Janetzko 2:14

Weitere CD-Empfehlungen:

Kati Breuer: **CD Sankt Martin ritt durch Schnee und Wind**
- Die 25 schönsten Laternenlieder

DIE Laternen-CD zu Sankt Martin für alle Kindergruppen und zu Hause!

Stimmungsvoll arrangiert und gesungen von Kati Breuer und mit vielen fröhlichen Kinderstimmen. **Mit den 25 bekanntesten traditionellen sowie neuen Laterne-Liedern** u.a. von Elke Bräunling, Kati Breuer, Lieselotte Holzmeister, Stephen Janetzko, Peter Janssens, Detlev Jöcker, Richard Rudolf Klein, Rolf Krenzer, Klaus Neuhaus, Paul G. Walter und Rolf Zuckowski.

Zielgruppe ca. 2-9 Jahre/ Spielzeit ca. 66:17 min.
Best.-Nr. 91033-284 / ISBN 978-3-95722-059-2

Alle Lieder der CD:
1. Sankt Martin ritt durch Schnee und Wind
2. Laterne, Laterne, komm, leuchte für mich
3. Laterne, Laterne, Sonne, Mond und Sterne
4. Das Licht geht auf die Reise
5. Ich geh mit meiner Laterne
6. Ein bisschen so wie Martin
7. Brenn, Laterne
8. Kommt, wir wolln Laterne laufen
9. Laternenzeit, Laternenzeit
10. Durch die Straßen auf und nieder
11. Martinslied (Laterne, leuchte, leuchte hell)
12. Ein armer Mann (Sankt Martins Lied)
13. Laterne - zeige mir den Weg
14. Purzmurzel (Ein neues Laternenlied)
15. Wir tragen unsre Laternen (Laternenlied)
16. Abends, wenn es dunkel wird
17. Kleines Laternenlied
18. Ich hab eine feine Laterne
19. Hoch über uns die Sterne (Sankt Martin)
20. Licht in der Laterne
21. Meine Laterne
22. Guten Abend, lieber Mond
23. Ich schenk dir einen Stern (Sternenkinder-Lied)
24. Nimm deine Träume
25. Laternchen (Laternchen-Lied).

Die Texte der Lieder 1-6 befinden sich zusätzlich zum Mitsingen im Booklet, *das **vollständige Liederbuch** mit allen Texten, Noten und Gitarrengriffen zum Mitsingen und Mitspielen sowie eine Instrumentalausgabe sind neben dieser Gesangsfassung separat erhältlich.*

Zusätzlich erhältlich als Instrumentalausgabe:
Kati Breuer: CD Sankt Martin ritt durch Schnee und Wind - Die 25 schönsten Laternenlieder - Instrumental (Karaoke-Version), Best.-Nr. 91033-285 / ISBN 978-3-95722-062-2

Stephen Janetzko

(Liedermacher und Verleger)

Mit einer 20-minütigen MC „Der Seebär" fing alles an, heute sind es weit über 600 Kinderlieder, die der gebürtige Hagener Liedermacher bereits auf über 50 CDs und in zahllosen Liedsammlungen veröffentlicht hat. Viele davon, wie „Hallo und guten Morgen", „Wir wollen uns begrüßen", „Augen Ohren Nase", „Das Lied von der Raupe Nimmersatt", „Hand in Hand" oder „In meiner Bi-Ba-Badewanne", werden heute gesungen in Kindergärten, Schulen und überall, wo Kinder sind.

... mehr Info, mehr CDs, mehr Lieder & Noten:
www.kinderliederhits.de

Alle Rechte vorbehalten.

Dieses Werk ist urheberrechtlich geschützt. Jegliche Vervielfältigung und Verwertung ist nur mit Zustimmung der Autoren bzw. des Verlags zulässig. Das gilt insbesondere für Übersetzungen, die Einspeicherung und Verarbeitung in elektronischen Systemen sowie für das öffentliche Zugänglichmachen wie zum Beispiel über das Internet.
Ein Nachdruck oder eine Weiterverwertung ist nur mit schriftlicher Genehmigung des Verlags möglich.

© Verlag Stephen Janetzko, **www.kinderliederhits.de**

www.ingramcontent.com/pod-product-compliance
Lightning Source LLC
Chambersburg PA
CBHW081505040426
42446CB00016B/3409